DON BOSCO

Andrea Erkert

Die 50 besten Angst-weg- und Mut-mach-Spiele

für 6- bis 10-Jährige

DON BOSCO

MiniSpielothek

Gerne nehmen wir Ihre Anregungen, Wünsche, Kritik oder Fragen entgegen:
Don Bosco Medien GmbH, Sieboldstraße 11, D-81669 München
anregungen@donbosco-medien.de
Servicetelefon +49(0)89 48008-341

Bibliografische Information der Deutschen Nationalbibliothek

Die Deutsche Nationalbibliothek verzeichnet diese Publikation in der Deutschen Nationalbibliografie; detaillierte bibliografische Daten sind im Internet über http://dnb.d-nb.de abrufbar.

klimaneutral gedruckt
www.klima-druck.de
ID-Nr. 23149729
bvdm.

1. Auflage 2024 / ISBN 978-3-7698-2565-7

www.donbosco-medien.de

Umschlag: Don Bosco Medien GmbH, München
Umschlaggrafik: strichfiguren/stock.adobe.com
Layout: Alexandra Paulus
Satz: Don Bosco Medien GmbH, München
Druck: Don Bosco Druck & Design, Ursensollen
Gedruckt auf umweltfreundlichem Papier

Inhalt

Niemand weiß, was er kann, bevor er's versucht.

Publilius Syrus

Ängste spielend überwinden

Bange machen gilt nicht

Alle Kinder sitzen im Schneiderzeit auf dem Boden. Die Spielleitung holt sich einen großen Gymnastikball und stellt sich in die Kreismitte. Sie erklärt den Kindern, dass das Gefühl von Angst eine völlig normale Reaktion auf Gefahr ist. Es kann aber auch alltägliche Dinge geben, vor denen man Angst hat und die seelisch belasten können. Dazu kann etwa eine Klassenarbeit gehören, auf die man sich nicht richtig vorbereitet hat. Das Gefühl der Angst kann dabei genauso schwer und groß sein wie der Ball, auf den die Spielleitung nun deutet. Des Weiteren erklärt die Spielleitung den Kindern, dass sich das Gefühl der Angst viel leichter aushalten lässt, wenn man seine Ängste kennt und weiß, was man dagegen tun kann. Die Spielleitung rollt nun den Ball, der das Gefühl der Angst symbolisiert, zu einem Kind und sagt zum Beispiel:

„Ich habe Angst vor großen Spinnen. Damit ich jedoch nicht in Panik gerate, hole ich meine Freundin, die das Krabbeltier mit einem Glas fängt und dann aus dem Raum bringt."

Das Kind, das nun den Ball hat, tauscht mit der Spielleitung den Platz und stellt sich in die Kreismitte. Dort überlegt es sich, wovor es Angst hat und wie es seine Angst leichter bewältigen kann. Indem es einem anderen Kind den Ball zurollt, kann es zum Beispiel sagen:
„Ich habe Angst vor der Dunkelheit und lege deshalb immer eine Taschenlampe griffbereit neben mein Bett."
Auf diese Weise geht's immer weiter, bis sich möglichst alle Kinder zu dem Thema äußern konnten.

Hinweis

Wenn sich ein Kind nicht zu seinen Ängsten äußern möchte, kann es einfach nur zuhören. Kinder, die zwar eine ihrer Ängste formulieren möchten, denen aber keine Idee für eine „Bewätigungsstrategie" einfällt, dürfen sich mit Ideen aus der ganzen Runde helfen lassen.

Material

Gymnastikball

Keine Angst vorm ersten Schritt

Zum Rhythmus der Musik läuft die Hälfte der Kinder vergnügt auf einem überschaubaren Spielfeld herum. Die andere Hälfte der Kinder verteilt sich auf dem Spielfeld und klatscht im Takt auf die Oberschenkel. Sobald die Spielleitung die Musik stoppt, sucht jedes „Läufer-Kind“ eines von den Kindern auf, das auf seinem Platz steht. Konnte sich ein Paar bilden, begrüßen sich beide Kinder gegenseitig per Handschlag *ohne* den Blick zu senken und *ohne* sich von anderen Dingen ablenken zu lassen. Schaffen es die Kinder so lange selbstbewusst ihr Gegenüber anzuschauen, bis die Spielleitung wieder die Musik einschaltet? In der nächsten Spielrunde tauschen die Kinder ihre Rollen, d.h. die „Läufer-Kinder“ bleiben nun klatschend auf der Stelle stehen, während die anderen Kinder auf dem Spielfeld herumlaufen.
Ziel ist es, selbstbewusst aufeinander zu zugehen und keine Angst davor haben, den ersten Schritt zu machen.

Material

Musik

Tanz dich fit und stark

Die Kinder bilden Tanzpaare und verteilen sich im Raum. Soblad die Musik einsetzt, dürfen sich die Kinder von der Musik inspirieren lassen, ihren Körper entdecken, tänzerische Bewegungsmöglichkeiten ausprobieren und sich dabei tanzend auf ihr Partnerkind einlassen. Dabei können die Kinder auch verschiedene Raumerfahrungen sammeln, indem sie sich zum Beispiel groß oder klein machen, sich im Takt links oder rechts um ihr Partnerkind drehen oder ein paar Schritte aufeinander zu und wieder voneinander weg machen. Konnten die Tanzpaare das, was sie beim Tanzen spüren und fühlen, durch die Körpersprache zum Ausdruck bringen, bilden alle einen großzügigen Kreis. Welches Tanzpaar ist nun mutig und möchte vor den anderen auf der Tanzfläche bzw. im Innenkreis seinen kreativen Ausdruckstanz vorstellen?

Hinweis

Sollte sich kein Tanzpaar melden, können auch zwei oder drei Tanzpaare gleichzeitig im Innenkreis vortanzen.

Material

Tanzmusik

Entspannung tut gut

Die Spielleitung erklärt den Kindern, dass es wichtig ist, das Gefühl der Angst zuzulassen und über Angst zu sprechen. Nicht zuletzt sollten sich die Kinder überlegen, wie man mit dem Gefühl der Angst am besten umgeht. So kann etwa Entspannung der Angst entgegenwirken. Was jedoch Entspannung bedeuten und wie Entspannung erlebt werden kann, macht die Spielleitung den Kindern bewusst, indem sie das Wort „Entspannung“ an die Tafel schreibt und nach jedem Buchstaben eine positive Eigenschaft oder ein positives Adjektiv wie folgt benennt:

E wie einfühlsam
N wie naturgebunden
T wie träumerisch
S wie sorgenfrei
P wie passend
A wie angenehm
N wie nervenstark
N wie natürlich
U wie unbeschwert
N wie nützlich (???)
G wie gelassen

Dabei lässt die Spielleitung jedes Mal die Klangschale erklingen, bevor sie den nächsten Buchstaben benennt. Wer möchte, darf seine Augen schließen, um sich ganz bewusst auf das Gesagte und den Klang der Klangschale einlassen zu können.

Aufrecht durch die Welt gehen

Alle Kinder bilden einen großzügigen Kreis. Ein Kind legt sich einen Tennisring auf den Kopf und geht mit geradem Rücken und festem Schritt auf ein Kind seiner Wahl zu, dabei hält es Blickkontakt. Stehen sich beide Kinder gegenüber, tauschen sie ihre Plätze und das neue Kind erhält den Tennisring, den es sich auf den Kopf legt. Es sucht sich ein weiteres Kind aus, dem es auch mit erhobenen Kopf und straffen Schultern begegnen darf. Auf diese Weise geht’ s immer weiter, bis alle Kinder mit dem Tennisring auf dem Kopf aufrecht einem anderen Kind begegnen konnten. Die aufrechte Haltung passt sehr gut zu selbstbewussten Menschen, dies wird durch das Tragen des Tennisrings auf dem Kopf verdeutlicht und nun im Kreis gemeinsam geübt. Ziel ist es, dass die Kinder selbstbewusst und mit aufrechter Haltung durch die Welt gehen lernen.

Material

Tennisring

Lampenfieber überwinden

Die Kinder sitzen im Stuhlkreis. Die Spielleitung möchte gerne wissen, wer sich von den Kindern zutraut, vor den anderen ein Lied zu singen. Die betreffenden Kinder stehen auf und dürfen zum Beispiel der Reihe nach die erste Strophe eines bekannten Kinderliedes vorsingen, etwa „Wer will fleißige Handwerker seh'n!". Dabei spielt es keine Rolle, ob jeder Ton hundertprozentig richtig gesungen wird. Vielmehr geht es darum, mögliche Ängste zu überwinden und vor einer größeren Runde etwas zu vorzustellen, was das Publikum nach der Darbietung natürlich mit einem kräftigen Applaus belohnt! In den nächsten Spielrunde können dann alle diejenigen Kinder aufstehen, die zum Beispiel der Reihe nach einen Witz erzählen oder einen Rhythmus mithilfe ihres Stuhls trommeln möchten.
Ziel ist es, dass am Ende nach Möglichkeit alle Kinder zusammen im Kreis stehen und mutig und voller Stolz den anderen etwas Schönes präsentieren konnten.

Was uns Angst machen kann

Die Kinder sitzen im Stuhlkreis und überlegen sich, was ihnen Angst machen könnte. Das sind durchaus vermeintlich „banale“ Dinge wie Angst vor Hunden, Angst vor dem Gewitter und Angst vor der Dunkelheit. Eines der Kinder steht auf und benennt nun etwas, das für ihn mit dem Gefühl der Angst verbunden ist. Diejenigen Kinder, die der gleichen Meinung sind, stehen ebenfalls auf, alle übrigen Kinder bleiben sitzen. Anschließend ruft dieses Kind ein anderes Kind namentlich auf, das nun seinerseits aufsteht und etwas benennt, was ihm Angst macht. Wieder stehen diejenigen Kinder auf, denen es genauso geht. Auf diese Weise geht’s immer weiter, bis sich alle Kinder zu Wort melden konnten.
Im Anschluss daran erklärt die Spielleitung den Kindern, dass keiner von uns perfekt ist. Deshalb sollte man auch zu seinen Ängsten stehen und mit anderen darüber sprechen, wie man das Gefühl der Angst überwinden kann.

Hinweis

Falls ein Kind sich nicht zu seinen Ängsten äußern möchte, darf es einfach ein weiteres Kind aufrufen, ohne selbst etwas zu sagen.

Geisterstunde

Zu Beginn verteilen die Kinder einige Teppichfliesen auf dem Boden. Zwei bis drei Kinder spielen Gespenster und stellen sich vor eine Wand. Die übrigen Kinder stellen sich in einer Reihe an der gegenüberliegenden Wand auf. Stehen alle auf ihrer Startposition, schlägt die Spielleitung zwölfmal den Gong an. Danach rufen alle Kinder laut: „Geisterstunde!" Während nun die Kinder schnell in Richtung der gegenüberliegenden Wand laufen, versuchen die Gespenster sie auf dem Weg dorthin zu fangen. Dabei können sich die Kinder auch auf einer freien Teppichfliese vor den Gespenstern in Sicherheit bringen und dort abwarten, bis sie außer Reichweite sind. Sobald jedoch ein Gespenst ein Kind gefangen hat, verlassen beide das Spielfeld und tauschen in der nächsten Runde die Rollen. Sollte ein Gespenst jedoch kein Kind fangen, spielt das Kind in der nächsten Spielrunde noch einmal ein Gespenst. Auf diese Weise finden mehrere Spielrunden statt.

Ziel ist einerseits, dass die Kinder Gefahren einschätzen lernen, dass sie andererseits aber auch jedes Mal aufs Neue mutig und voller Zuversicht entscheiden, wie weit sie im wahrsten Sinne des Wortes gehen wollen.

Material

zwölf bis fünfzehn Teppichfliesen, Gong

Du kannst mir vertrauen

Immer zwei Kinder bilden ein Paar und holen sich jeweils eine Pferdeleine und eine Augenbinde. Eines von beiden legt sich nun die Pferdeleine an, kniet sich auf den Boden und zieht sich die Augenbinde an. Es vertraut sich dann seinem Partnerkind an, indem es sich blind und auf allen vieren behutsam durch den Raum führen lässt. Welches Paar schafft es, ruhig und besonnen die Aufgabe zu erfüllen? Nach zwei bis drei Minuten findet ein Rollentausch statt, den die Spielleitung durch das Anschlagen der Triangel ankündigt. Im Anschluss dran bilden alle einen Kreis, um über ihre Erfahrungen und Erlebnisse als Pferd bzw. „Pferdeführer*in“ zu sprechen. Dabei dürfen sie auch erzählen, wie sie es geschafft haben, die Aufgabe gut zu meistern.

Hinweis

Die Spielleitung sollte darauf achten, dass die „Pferdeführer*innen“ ihre Pferde sehr sorgsam, vorsichtig und liebevoll herumführen.

Material

für jedes Paar ein Pferdegeschirr (Pferdeleine) und eine Augenbinde, Triangel

Einfach ganz mutig losgehen

Die Kinder bilden einen engen Kreis. Ein Kind begibt sich in die Kreismitte und schließt seine Augen. Ein anderes Kind, auf das die Spielleitung nun deutet, klatscht laut in die Hände. Das Kind in der Kreismitte soll die Geräuschquelle lokalisieren. Es macht sich auf den Weg, indem es entlang der Kinder im Uhrzeigersinn geht. Es geht so lange, bis es vor dem gesuchten Kind steht, dann öffnet es die Augen. Danach tauschen beide Kinder ihre Plätze. Das Kind, das nun im Innenkreis steht, schließt seine Augen. Danach bestimmt die Spielleitung heimlich ein anderes Kind, das am Platz wieder ein Geräusch macht, zum Beispiel mit den Füßen auf den Boden stampft oder einfach mit den Fingern schnipst.
Auf diese Weise finden noch ein paar Spielrunden statt. Jedes Mal macht sich ein neues Kind im Innenkreis mit geschlossenen Augen mutig und voller Zuversicht auf den Weg zu einem anderen Kind.

Stärken ins Spiel bringen

Auf den Ball, fertig, los!

Die Kinder bilden einen großen Kreis. Eines von ihnen holt sich einen Ball. Während die Gruppe „Auf den Ball, fertig, los!“ sagt, wirft das Kind den Ball einem anderen Kind zu. Vom Platz aus kann das betreffende Kind nun den Ball beispielsweise senkrecht in die Luft werfen und wieder auffangen. Danach wirft es den Ball einem weiteren Kind zu. Indem die Gruppe nun erneut „Auf den Ball, fertig, los!“ sagt, darf das ausgewählte Kind den Ball fangen und schließlich den anderen spontan sein Können zeigen. Dabei kann es vom Platz aus den Ball zum Beispiel mehrmals auf den Boden prellen. Auf diese Weise geht es immer weiter, bis alle Kinder wenigsten einmal an der Reihe gewesen sind. Im Anschluss daran erklärt die Spielleitung den Kindern, dass sie bereits viele Dinge beherrschen, auf die sie mehr als stolz sein können. Dazu kann das Einkaufen beim Bäcker, das Tischdecken oder das Fahrradfahren gehören.

Hinweis

Den Kindern fallen bestimmt noch viele weitere Sachen ein, die sie schon können.

Material

Softball

Was ich an mir mag

Die Kinder sitzen zusammen im Stuhlkreis. Zunächst benennen die Kinder ein paar positive Charaktereigenschaften oder Begabungen: hilfsbereit, freundlich oder mutig sein, malen, singen, balancieren etc. Danach darf eines der Kinder pantomimisch etwas vorstellen, was es besonders an sich mag. Dabei kann es zum Beispiel die Arme anwinkeln und die Muskeln anspannen und so seine Stärke, Kraft und Mut demonstrieren. Konnten die übrigen Kinder die Lösung herausfinden, dürfen diejenigen Kinder, die sich selbst auch als stark und mutig wahrnehmen, ebenfalls ihre Arme anwinkeln und die Muskeln anspannen. Dann ist das nächste Kind an der Reihe, es joggt zum Beispiel auf der Stelle. Wer findet heraus, dass das Kind nicht nur läuft, sondern auch ganz viel Ausdauer hat? Wer genauso ausdauernd ist, darf anschließend auch auf der Stelle joggen.
Ziel ist es, den Kindern bewusst zu machen, dass sie sehr viele tolle Charaktereigenschaften haben, die sie miteinander teilen und auf die sie jederzeit mutig und selbstbewusst zurückgreifen können.

Ich kann, du kannst ...

Die Kinder stehen zusammen im Kreis. Eines der Kinder beginnt und dreht sich zu dem Kind, das links neben ihm steht. Dabei sagt es zum Beispiel laut:

„Ich kann gut Fußball spielen!
Kannst du das auch?“

Das angesprochene Kind kann die Frage entweder bejahen oder verneinen. Im ersten Fall hebt es die Hand, um vor Freude über die soeben entdeckte Gemeinsamkeit in die erhobene Hand des anderen zu schlagen. Nach dem Abklatschen oder falls es die Frage verneint, wendet sich dieses Kind nun seinerseits dem linken Nachbarskind zu, um eine Fähigkeit von sich zu benennen, die das angesprochene Kind dann teilen kann oder nicht. Auf diese Weise geht es immer weiter, bis das erste Kind wieder an der Reihe ist.

Kunstvoll in Szene gesetzt

Alle Kinder holen sich jeweils ein Chiffontuch und bilden einen großzügigen Kreis. Sie halten ihre Tücher an einem Ende fest und überlegen sich etwas, was sie besonders gut beherrschen. Zum Rhythmus der Musik bewegen nun alle ihre Tücher ganz nach Belieben. Sobald die Spielleitung die Pausentaste drückt und ein Kind namentlich aufruft, benennt dieses Kind etwas, was es besonders gut kann, beispielsweise mit zwei oder gar drei Bällen jonglieren. Während es anschließend in die Kreismitte geht und sein Tuch dort ausbreitet, schaltet die Spielleitung erneut die Musik ein, und alle bewegen wieder ihre Tücher im Takt. Das Kind, das sein Tuch bereits abgelegt hat, geht auf seinen Platz zurück und klatscht im Takt in die Hände. Das geht so lange, bis die Spielleitung erneut die Pausentaste des Abspielgeräts drückt und ein weiteres Kind namentlich aufruft. Das betreffende Kind tut es dem vorherigen Kind gleich: Es benennt eine seiner größten Stärken, geht in die Kreismitte und legt sein Tuch ausgebreitet direkt neben das andere.

Auf diese Weise entsteht ein großer Patchwork-Teppich, der genauso bunt und vielfältig ist wie die Stärken der Kinder.

Material

ein Chiffontuch pro Kind, Musik

Karten für mehr Selbstbewusstsein

Die Kinder setzen sich um einen Tisch, auf dem die Spielleitung Karten mit Satzanfängen verdeckt ausbreitet. Eines der Kinder dreht eine beliebige Karte um, auf der zum Beispiel folgender Satzanfang steht: „Ich bin stolz auf mich, weil ...“. Das Kind liest den Satzanfang vor, den es mit seinen Worten sinnvoll ergänzt, etwa: „Ich bin stolz auf mich, weil ich mittlerweile gut tauchen kann!“. Die übrigen Kinder dürfen dann applaudieren. Danach verdeckt das Kind die Karte wieder und bittet ein anderes Kind, eine neue Karte umzudrehen, auf der zum Beispiel steht: „Ich bin stark, weil ...“.

Alle Kinder drehen zumindest einmal eine Karte um und dürfen den zu lesenden Satzanfang sinnvoll ergänzen.

Beispiele

- Ich kann viel schaffen, weil ...
- Ich bin ein tolles Kind, weil ...
- Ich bin klug, weil ...
- Ich bin wertvoll weil, ...

Material

Stift, weiße Karteikarten DIN-A 7 mit oben erwähnten Satzanfängen

Was ich an dir mag und schätze

Die Kinder sitzen zusammen im Stuhlkreis. Jedes Kind überlegt im Stillen, was es bei einem anderen Kind aus der Klasse besonders mag und schätzt. Die Spielleitung wählt nun eines der Kinder aus, das die Eigenschaft eines anderen Kindes gerne in der Kreismitte pantomimisch vorstellen möchte. Dabei kann das Kind laut folgendes sagen:

„Hallo ...! *(Vornamen des betreffenden Kindes einsetzen)* Rate mal, was ich an dir mag und schätze!"

Während nun das Kind in der Kreismitte zum Beispiel vor Freude lächelt, versucht das benannte Kind gemeinsam mit den übrigen Kindern die Antwort herauszufinden, die in diesem Fall „deine Fröhlichkeit" lauten kann. Wurde das Rätsel gelöst, darf ein anderes Kind pantomimisch die positive Eigenschaft eines weiteren Kindes darstellen. Das Spiel endet, sobald alle Kinder etwas, was andere an ihnen mögen und schätzen, vergegenwärtigt bekommen haben.

Weitere Beispiele

hilfsbreit, lustig, klug, freundlich, sportlich, ...

Leitsätze

Die Kinder sitzen um einen Tisch und überlegen sich jeweils einen Satz, der ihr Denken positiv beeinflusst und der ihnen ein gutes Gefühl gibt. Diesen Satz notieren sie in der Ich-Form auf einen Zettel. Im Anschluss daran verteilen die Kinder ihre Zettel verdeckt auf dem Tisch. Sobald die Spielleitung die Klangschale anschlägt, schieben die Kinder ihre Zettel von einem Kind zum nächsten, so lange, bis der Ton verklungen ist. Die Kinder drehen den Zettel um, der gerade vor ihnen liegt: Der Reihe nach lesen sie laut vor, was auf ihrem Zettel steht. Wenn ein Kind beispielsweise den Satz „Ich bin einzigartig“ vorliest, bestätigen alle übrigen Kinder den Satzinhalt, indem sie laut und deutlich „Du bist einzigartig!“ sagen.

Beispiele

- Ich bin einzigartig!
- Ich bin mutig!
- Ich bin wertvoll!
- Ich kann viel mehr als ich denke!
- Ich gebe niemals auf!
- Ich bin nicht allein!

Material

Zettel, Stifte, Klangschale

Ruckzuck viele Stärken

Die Kinder sitzen zusammen im Stuhlkreis und überlegen, was sie alles ohne fremde Hilfe können: Ein paar Kleinigkeiten im Supermarkt kaufen, sich ein Pausenbrot schmieren oder den Wecker abends so stellen, dass sie am nächsten Morgen rechtzeitig aufwachen. Während nun ein beliebiges Kind von sich sagt, dass es gut schwimmen kann, macht es mit seinen Armen Schwimmbewegungen. Darauf darf das Kind, das links neben ihm sitzt, genauso rasch etwas Neues hinzufügen, zum Beispiel Schuhe binden. Auf diese Weise geht es reihum, bis die Spielleitung nach drei Minuten das Spiel abpfeift. Wie viele verschiedene Stärken wurden erwähnt? In der zweiten Spielrunde versuchen die Kinder dann noch mehr Stärken innerhalb der drei Minuten zu benennen und durch Bewegung vorzustellen.

Ziel ist es, den Kindern zu zeigen, dass sie eine große Anzahl an Stärken haben, die sie sich jederzeit ins Gedächtnis rufen können und die sie auch in der Gruppe/Klasse einsetzen können.

Material

(Stopp-)Uhr, Trillerpfeife

Meine Stärken, deine Stärken, ...

Alle Kinder erhalten jeweils einen Stift und weiße selbstklebende Haftnotizzettel, die sie sich im Lauf des Spiels gegenseitig auf dem Rücken heften. Zum Rhythmus des Trommelspiels gehen nun alle durch den Raum. Verstummt das Trommeln, bilden die Kinder Paare und überlegen, welche positive Charaktereigenschaft ihr Partnerkind hat. Das kann beispielsweise clever, fair, freundlich oder hilfsbereit sein. Jedes Kind notiert diese Stärke auf den Zettel am Rücken des Partnerkindes. Sobald das Trommeln erneut einsetzt, gehen die Kinder wieder einzeln im Takt so lange durch den Raum, bis das Trommeln verstummt und sie neue Paare bilden. Nach ein paar Spielrunden nehmen die Kinder ihre Zettel vom Rücken und bilden einen Kreis. Die Kinder lesen nacheinander die Wörter auf ihren Zetteln vor.
Diese Botschaften dürften für jedes Kind ein Grund zur Freude sein!

Material

Stifte, selbstklebende weiße Klebezettel, Handtrommel

Mehr an sich selbst glauben

Die Kinder stehen zusammen in einem großzügigen Kreis. Ein Kind macht einen großen Schritt in Richtung Kreismitte und sagt zum Beispiel laut: „Ich bin sportlicher als ich denke!“ Daraufhin sagen alle übrigen Kinder laut: „Ja, das stimmt absolut!“. Danach deutet dieses Kind auf ein anderes Kind, das es ihm gleichtut und ebenfalls einen großen Schritt in Richtung Kreismitte macht. Dabei sagt das ausgewählte Kind zum Beispiel laut: „Ich bin klüger als ich denke!“ Die übrigen Kinder sagen wieder laut: „Ja, das stimmt absolut!“ Auf diese Weise rücken die Kinder näher zusammen, bis alle ganz eng im Kreis zusammen stehen und sich schließlich gegenseitig umarmen.

Im Anschluss daran macht die Spielleitung den Kindern bewusst, wie wichtig es ist, Vertrauen in die eigenen Fähigkeiten zu haben und sich über das, was man bereits kann, zu erfreuen.

Mutmacher-Rituale

Wir sind ein Team

Die Kinder laufen im Takt zur Musik herum. Sobald die Musik stoppt, gehen immer zwei Kinder aufeinander zu. Sie klatschen sich gegenseitig ab und sagen laut:

„Nur Mut, nur Mut! Zu zweit geht's gut!"

Sobald die Musik erneut einsetzt, trennen sich alle Kinder wieder voneinander und laufen einzeln herum. Wenn abermals die Musik stoppt, bilden die Kinder wieder neue Paare, die sich so wie bereits beschrieben gegenseitig Mut machen. Nach einigen Durchgängen bilden die Kinder einen geschlossenen Kreis. Im Anschluss daran kann die Spielleitung die Kinder fragen, was ein gutes Team ausmacht. Die Antworten können beispielsweise lauten: Sich gegenseitig helfen, füreinander da sein und ein gemeinsames Ziel verfolgen.

Material

Tanzmusik

Zum Mitschreiben

Vor einem Mannschaftsspiel oder vor einer Teamaufgabe können die Kinder einen ganz engen Kreis bilden, um sich gegenseitig zu umarmen. Dabei sagen sie laut und deutlich:

„Zum Mitschreiben für alle Leute!
Wir schaffen das bestimmt heute!“

Danach klatschen sie sich voller Freude gegenseitig ab, um sich nochmals Mut zu machen, aber auch um Zusammenhalt zu demonstrieren, ohne den ein Team nicht funktioniert.

Stark, mutig und topfit

Die Kinder sitzen zusammen im Kreis. Ein beliebiges Kind steht auf und sagt „Eins!“. Danach steht das Kind auf, das links neben ihm sitzt und sagt „Zwei!“. Das nächste Kind sagt dann „Drei!“.
Wenn alle Kinder an der Reihe waren, sagt die Spielleitung laut:

„*(Anzahl der Kinder)* Kinder sind heute da und machen mit, zusammen sind wir stark, mutig und topfit!“

Die Kinder dürfen nun diejenigen Kinder abschlagen, die links und rechts neben ihnen im Kreis stehen und dabei das Gesagte zusammen wiederholen.

Ich habe auch Mut

Die Kinder bilden einen großzügigen Kreis. Ein beliebiges Kind fängt an und sagt zum Beispiel:

„Ich bin fröhlich und gut
und habe auch Mut!“

Dabei macht das Kind einen fröhlichen Gesichtsausdruck. Danach kann dasjenige Kind, das links neben ihm auf der Kreisbahn steht, zum Beispiel mit dem Zeigefinger auf seine Stirn tippen und passend dazu sagen:

„Ich bin klug und gut
und habe auch Mut!“

Auf diese Weise geht es immer weiter, bis das erste Kind wieder dran ist. Ziel ist es, dass sich jedes Kind selbst Mut zuspricht und sich seiner Stärken bewusst wird.

Mut und Kraft durchs Tanzen

Die Kinder bilden einen großzügigen Kreis. Ein Kind sagt Folgendes:

„Ich tanze und bekomme so Mut!“

Zum Rhythmus der Musik kann das Kind vom Platz aus zum Beispiel die Arme abwechselnd in die Luft strecken. Dabei ahmen die übrigen Kinder alle Bewegungen nach. Das geht so lange, bis die Spielleitung die Musik stoppt. Die Kinder bleiben sofort stehen. Während nun das erste Kind auf ein anderes deutet, sagt es laut:

„Ich habe nun ganz viel Mut.
Du bist dran. Mach’s gut!“

Das betreffende Kind sagt wie das vorherige Kind:

„Ich tanze und bekomme so Mut!“.

Sobald die Spielleitung die Musik wieder einschaltet, stellt das Kind eine neue Bewegungsart vor: Zum Beispiel sich um die eigene Achse drehen, mit den Füßen abwechselnd in Richtung Innenkreis kicken, etc.

Konnten alle Kinder sich selbst Mut zusprechen und eine Bewegung vormachen, erklärt die Spielleitung den Kindern, dass sie durch das Tanzen nicht nur in Bewegung kommen, sondern durch ihre „Einzelvorführung" auch mutig „aus der Reihe tanzen" und dadurch stärker und selbstbewusster werden können.

Material

Tanzmusik

Geballte Energie

Die Kinder laufen vergnügt im Raum herum. Sobald ein kräftiger Trommelschlag durch die Spielleitung erfolgt, bilden alle schnellstmöglich einen Kreis. Danach sagt die Spielleitung laut: „Wir sind so stark und mutig wie eine Löwenherde!“ Daraufhin dürfen alle Kinder vom Platz aus ihre Arme nach oben reißen und wie ein Löwe oder eine Löwin brüllen. Erfolgt ein weiterer Trommelschlag durch die Spielleitung, laufen alle Kinder wieder einzeln auf dem Spielfeld herum. Allerdings nur solange, bis die Spielleitung erneut einmal kräftig trommelt und alle wieder rasch einen Kreis bilden. Danach kann die Spielleitung zum Beispiel laut sagen: „Wir sind so stark und mutig wie eine Elefantenherde!“ Die Kinder fassen sich daraufhin mit der rechten Hand an die Nase und schieben ihren linken Unterarm durch den entstanden Ring, um dann ganz laut wie Elefanten zu tröten. Dabei können sie auch mit den Füßen auf den Boden stampfen, bevor sie sich beim nächsten Trommelschlag wieder voneinander trennen und einzeln auf dem Spielfeld herum laufen.
Nach einigen Spielrunden erhalten die Kinder durch das tierisch gute Rollenspiel zusammen mehr als Kraft und Energie für den neunen Tag.

Aufbauende Sätze

Die Kinder verteilen sich im Raum. Die Spielleitung verteilt Kärtchen, auf denen jeweils ein aufbauender Satz steht. Die Kinder bewegen sich frei zur Musik. Immer wenn sich zwei Kinder zufällig begegnen, tauschen sie ihre Kärtchen untereinander aus. Sobald die Musik stoppt, bilden die Kinder einen Kreis und lesen der Reihe nach vor, was auf ihrem Kärtchen steht. Am Ende mehrerer Runden dürfen die Kinder ein Kärtchen behalten und mit nach Hause nehmen.

Beispiele

- Du hast mehr Mut als du denkst!
- Du bist ein wertvoller Mensch!
- Du bist stark und mutig!

Material

Musik, Stift, je Kind ein Mutmachkärtchen

Wörter, die Kraft geben

Die Kinder sitzen zusammen im Stuhlkreis und überlegen sich Namenwörter (Nomen), die ihnen Kraft geben, Mut machen oder einfach gut tun. Ein Kind fängt an und sagt zum Beispiel „Freude!“. Das Kind, das links neben ihm sitzt, wiederholt das Wort und fügt ein neues Wort hinzu, indem es zum Bespiel „Ruhe!“ sagt. Das nächste Kind zu seiner linken Seite wiederholt die beiden zuvor genannten Wörter und fügt ein drittes Wort hinzu. Auf diese Weise wird die „Wörterschlange“ immer länger. Sollte eines der Kinder die zuvor genannten Wörter nicht korrekt wiedergeben können, dürfen die übrigen Kinder behilflich sein. Am Ende kann die Spielleitung das Spiel mit folgendermaßen abschließen:

„Wörter, die Kraft geben, tun gut und machen stark“.

Beispiele

Vertrauen, Zusammenhalt, Sonne, Lachen, Spaß, Liebe, Zuversicht, Gesundheit, Glück, Musik, Familie, Zuhause, Trost, Sicherheit....

Komm, schlag ein!

Zum Rhythmus der Musik laufen alle Kinder kreuz und quer auf einem überschaubaren Spielfeld herum. Stoppt die Musik, laufen alle Kinder blitzschnell aufeinander zu, um sich gegenseitig abzuklatschen. Dabei rufen sie jedes Mal laut und deutlich

„Wir sind stark!“

In der nächsten Runde kann die Spielleitung die Kinder bitten, während der Musik rückwärts zu laufen, auf beiden Beinen zu hüpfen oder einfach im Gehen im Takt zu klatschen. Stoppt die Musik, laufen die Kinder wieder aufeinander zu, um sich gegenseitig abzuklatschen und dabei „Wir sind stark!“ zu rufen. Auf diese Weise kann das Spiel noch einige Male wiederholt werden.

Material

(Tanz-)Musik

Ich bin mutig

Alle Kinder bilden einen Kreis, ein Kind stellt sich in die Kreismitte. Während es nun den folgenden Spruch aufsagt, deutet es der Reihe nach im Uhrzeigersinn auf die einzelnen Kinder, die im Kreis stehen:
„Ich bin mutig, glaube mir. Das sage ich auch zu dir!"
Das Kind, auf das am Ende des Satzes gezeigt wird, bestätigt die Aussage, indem es sagt: „Ich glaube dir!" Danach tauschen beide ihre Plätze. Das neue Kind darf dann in der Kreismitte die nächste Spielrunde beginnen.
Das Spiel ist beendet, wenn jedes Kind einmal im Innenkreis stehen und sich selbst Mut machen konnte. Sollte jedoch ein Kind auf ein anderes zeigen, das bereits an der Reihe war, darf das Kind in der Kreismitte ein weiteres Kind aufrufen, das noch nicht in der Kreismitte den Spruch aufsagen konnte.

Gemeinsam spielend stark werden

Für mehr Zusammenhalt

Die Kinder bilden Paare und holen sich jeweils einen Gymnastikreifen. Jedes Paar steht sich gegenüber und stellt den Reifen senkrecht zwischen sich auf den Boden. Die Paare stehen hintereinander, sodass eine „Gasse“ aus Reifen entsteht.
Erfolgt der Startpfiff durch die Spielleitung, nimmt das letzte Paar seinen Reifen aus der Gasse und legt ihn beiseite. Die beiden Kinder begeben sich zu zweit vor die Gasse, um Hand in Hand durch die übrigen Reifen zu steigen. Danach laufen sie zu ihrem Reifen zurück, um sich in ihren Reifen zu stellen und von dort aus den weiteren Spielverlauf zu beobachten. Aufgabe ist nun, dass jedes Paar nach und nach es ihnen gleichtut und so schnell wie möglich durch die übrigen noch vorhandenen Reifen in der Gasse steigt. Das letzte Paar, das seinen Reifen senkrecht zwischen sich festhält, darf seinen Reifen einfach auf den Boden legen und sich zu zweit in den Reifen stellen. Die Spielleitung stoppt die Zeit, sobald alle Paare in ihren Reifen stehen.

Im Anschluss daran bilden die Kinder neue Paare und wiederholen das Spiel. Dieses Mal verfolgen alle Paare das ehrgeizige Ziel, noch schneller durch die Gasse zu kommen und in ihren Reifen zu stehen.

Material

für jedes Paar einen Gymnastikreifen, Trillerpfeife

Mit vereinten Kräften

Alle Kinder holen sich jeweils einen Softball und verteilen sich um das überschaubare Spielfeld, das die Spielleitung mithilfe von vier Markierungskegeln gekennzeichnet hat. Ein Kind steht ohne Ball auf dem Spielfeld. Auf ein Kommando kicken alle Kinder außerhalb des Spielfeldes die Bälle in Richtung Spielfeld. Die Aufgabe des Kindes innerhalb des Spielfeldes besteht darin, möglichst schnell alle Bälle wieder aus dem Spielfeld hinaus zu kicken. Nach drei Minuten pfeift die Spielleitung das Spiel ab. Wie viele Bälle sind noch auf dem Spielfeld?

In der zweiten Spielrunde begibt sich die Hälfte der Kinder auf das Spielfeld, alle übrigen Kinder stellen sich mit den Bällen um das Spielfeld herum. Nach drei Minuten pfeift die Spielleitung das Spiel wieder ab. Wie viele Bälle liegen nun auf dem Spielfeld?

An dieser Stelle kann die Spielleitung den Kindern bewusst machen, dass man nicht alles alleine schaffen muss und es mit vereinten Kräften meist schneller und leichter geht. So kann man jederzeit andere um Hilfe bitten, wenn man meint, etwas nicht so gut alleine meistern zu können.

Material

Softbälle, vier Markierungskegel

Hand in Hand

Die Kinder bilden Zweierteams und holen sich jeweils eine Isomatte. Die Paare stellen sie sich nebeneinander in einer Reihe vor einer Wand auf und halten zu zweit eine ausgebreitete Matte zwischen sich am Rand fest. Sobald der Startpfiff durch die Spielleitung erfolgt, laufen die Teams los, um möglichst schnell die gegenüberliegende Wand zu erreichen. Danach geht's auf den gleichen Weg zurück. Dasjenige Team, das am schnellsten mit seiner Isomatte wieder auf seinem Ausgangsplatz steht, hat das Spiel gewonnen. Auf diese Weise kann das Spiel noch ein paarmal durchgeführt werden.

Material

Isomatten

Wir können viel mehr bewirken

Die Kinder stellen ihre Stühle so im Kreis auf, dass die Stuhllehnen in Richtung Kreismitte zeigen. Jedes Kind steht direkt vor seinem Stuhl. Die Spielleitung kniet sich vor ihren Stuhl und nutzt die Sitzfläche, um einen einfachen Rhythmus zu trommeln. Kurz darauf ruft sie ein anderes Kind auf, das sich ebenfalls vor seinen Stuhl kniet und im gleichen Takt trommelt. Das Kind lädt dann ein weiteres Kind zum Trommeln ein. So geht es immer weiter, bis alle Kinder im Takt trommeln. Die Spielleitung hebt irgendwann ihre Arme weit nach oben in die Luft und führt sie dann seitlich wieder zum Oberkörper. Das ist das Zeichen für die Gruppe, immer leiser zu trommeln und schließlich damit aufzuhören.
Im Anschluss erklärt die Spielleitung den Kindern, dass man durch das gemeinsame Trommeln viel besser wahrgenommen wird. Folglich kann man sich auch als Team viel leichter Gehör verschaffen und auch mehr Positives bewirken.

Alle verfolgen ein Ziel

Die Spielleitung stellt ein paar Tische U-förmig zusammen und verteilt auf den Tischen viele kleine Softbälle. Zudem stellt sie zwischen die Tische einen leeren Papiereimer. Auf los geht's los! Die Kinder sollen sich nun hinter den Tischen verteilen und von dort aus die einzelnen Bälle so schnell wie möglich in den Eimer werfen. Sobald alle Bälle entweder im Eimer oder auf dem Boden liegen, stoppt die Spielleitung die Zeit und zählt die Bälle, die sich im Eimer befinden. Danach wiederholen die Kinder das Spiel, mit dem Ziel, noch schneller möglichst viele Bälle in den Eimer zu werfen.
Ziel ist, dass die Kinder sich nicht gleich entmutigen lassen, wenn der ein oder andere Ball das Ziel verfehlt. Vielmehr sollen sie lernen, zusammen für eine Sache zu kämpfen und gemeinsam ein Ziel zu verfolgen.

Material

Je Kind 3 Softbälle ca. 7 cm, leerer Papierkorb, Stoppuhr, Trillerpfeife

Tatütata, die Polizei ist schon da!

Die Kinder bewegen sich frei auf einem Spielfeld. Die Spielleitung beschreibt ein paar äußere Merkmale eines der Kinder aus der Gruppe, das einen Dieb oder eine Diebin spielt. Der Besondere daran: Das entsprechende Kind sollte selbst als erstes in der Kindergruppe merken, dass es der/die Dieb*in ist. Es versucht dann möglichst schnell außerhalb des Spielfelds zu gelangen und in Richtung einer Ecke zu laufen, auf das die Spielleitung deutet. Alle übrigen Kinder spielen einen Polizeitrupp. Sie laufen mit viel „Tatütata!“ sofort mutig dem Kind hinterher, sodass es kaum noch eine Chance hat, zu entwischen. Wurde das Kind geschnappt, wählt die Spielleitung in der nächsten Spielrunde auf die gleiche Weise ein neues Kind aus. Falls das Kind entkommen konnte, übernimmt es in der nächsten Runde die Rolle der Spielleitung und beschreibt ein weiteres Kind, das die anderen fangen dürfen.
Nach ein paar Verfolgungsjagden ist das Spiel beendet.

Ein fester Zusammenhalt

Alle Kinder stehen eng zusammen in einem Kreis. Ein Kind befindet sich in der Kreismitte. Auf ein Startkommando läuft das Kind los, um möglichst schnell eines der Kinder abzuschlagen. Die Kinder können sich jedoch davor schützen, indem sie noch schneller Hand in Hand zu zweit auf der Kreisbahn stehen und somit einen starken Zusammenhalt demonstrieren. Sollte das fangende Kind jedoch ein anderes ohne „schützende Handfassung“ erwischen, dann tauscht es mit diesem den Platz und das Spiel beginnt von vorne. Ansonsten darf das Kind noch einmal sein Glück von der Kreismitte aus versuchen.

Ziel ist es, dass die Kinder lernen, miteinander Grenzen zu setzen und mutig füreinander einzustehen.

Variante

Falls die Anzahl der Kinder im Kreis eine ungerade Zahl ist, wird es für die „Kreiskinder“ schwieriger, denn ein Kind wird übrig bleiben und keinen Partner für die „schützende Handfassung“ finden. Hier gilt es, blitzschnell neben den Zweiergruppen zusätzlich noch eine kleine Dreiergruppe mit „schützender Handfassung“ zu bilden.

Die Kraft der Stimme

Die Kinder gehen durch den Raum. Die Spielleitung wählt ein Kind aus, welches seine Freude zeigt und immer wieder laut „Ah!“ sagt. Begegnet ihm ein anderes Kind, gibt es diesem kurz die Hand. Daraufhin sagt dieses Kind ebenfalls laut „Ah!“. Die beiden suchen sich jeweils wiederum ein neues Kind, dem sie ebenfalls kurz die Hand reichen und dann gemeinsam mit ihm „Ah!“ sagen. Auf diese Weise geht es immer weiter, bis alle laut „Ah!“ sagen und die geballte Freude überall im Raum zu spüren ist.
Danach wird das Spiel wiederholt, die Spielleitung benennt ein neues Kind, das immer wieder „Oh!“ sagt. Der Spielverlauf ist wie vorher, allerdings wird in dieser Runde das Kind beim „Oh“-Sagen irgendwann einem anderen Kind schon allein durch den schwächeren Händedruck und einen vermeidenden Blickkontakt seine Ablehnung zeigen. Das Spiel ist aus, sobald alle „Oh!“ sagen.

Im Anschluss erklärt die Spielleitung den Kindern, dass man sich zusammen mehr Gehör verschaffen und Freude zeigen, aber ebenso auf Ungerechtigkeiten aufmerksam machen kann. Dennoch darf man keinesfalls Macht missbrauchen, indem man sich als

Gruppe zusammenrottet, um jemanden auszugrenzen und zu diskriminieren.

Alle für eine*n

Alle Kinder verteilen sich auf einem Spielfeld, das die Spielleitung durch vier Markierungskegeln gekennzeichnet hat. Die Spielleitung wählt ein Kind aus, das ein anderes fangen darf. Die übrigen Kinder sollen mit aller Kraft das betreffende Kind schützen, indem sie dem fangenden Kind den Weg versperren, ohne es dabei festzuhalten. Schafft es die Gruppe, das Kind zu schützen, bevor die Spielleitung das Spiel nach einer Minute abpfeift?
In der nächsten Spielrunde darf ein neues Kind ein anderes verfolgen. Alle übrigen Kinder versuchen wieder mit vereinten Kräften das Vorhaben des Kindes zu verhindern. Es können beliebig viele Runden stattfinden.

Material

Stoppuhr/Uhr mit Sekundenzeiger, Trillerpfeife, ggfs. vier Markierungskegel

So bunt und vielfältig

Die Kinder holen sich jeweils ein Chiffontuch und bilden zusammen einen Kreis. Die Spielleitung schaltet die Musik ein und stellt sich mit ihrem Tuch in die Kreismitte. Danach hält sie das Tuch an einem Ende fest und bewegt es nach Herzenslust im Takt zur Musik. Die Kinder beobachten den „Tüchertanz" und klatschen dabei im Takt zur Musik in die Hände. Nach einer Weile bittet die Spielleitung jedes zweite Kind in die Kreismitte, um auch nach Herzenslust zu tanzen. Die übrigen Kinder klatschen weiter im Takt in die Hände, bis auf Anweisung der Spielleitung die Kinder in der Kreismitte mit jeweils einem Kind im Außenkreis den Platz wechseln, sodass diese dann mit ihren Tüchern tanzen dürfen.
Im Anschluss an den gemeinsamen Tanz macht die Spielleitung den Kindern bewusst, dass man zusammen allein schon durch die farbigen Tücher eine größere Außenwirkung hat und letztendlich auch viel mehr erreichen kann.

Material

Chiffontücher, Tanzmusik

„Nein sagen!“ lernen

Das starke Wort „Nein!“

Die Spielleitung nimmt sich eine Handtrommel und schon geht's los: Die Kinder gehen im Takt zum Trommelspiel so lange kreuz und quer auf herum, bis das Trommelspiel stoppt. Daraufhin bleiben alle Kinder sofort stehen. Die Spielleitung geht auf eines von den Kindern zu, bleibt vor dem ausgewählten Kind stehen und hält dabei den Blickkontakt. Während sie nun laut und deutlich „Nein!“ sagt, macht sie einen kräftigen Trommelschlag. Sie übergibt dem ausgewählten Kind die Trommel, das nun genauso auf ein anderes Kind zugeht. Auf diese Weise geht es immer weiter, bis möglichst alle Kinder laut und deutlich das Nein sagen üben konnten.

Material

Handtrommel

Zusammenstehen und „Nein!“ sagen

Die Kinder bilden einen großzügigen Kreis. Sobald ein leises Trommeln durch die Spielleitung erfolgt, sagen alle Kinder leise „Nein!“. Danach gehen alle einen Schritt in Richtung Kreismitte. Daraufhin wird der Trommelschlag etwas kräftiger. Die Kinder dürfen nun ebenso wie der kräftigere Trommelschlag lauter und kräftiger „Nein!“ sagen, bevor sie wieder einen Schritt in Richtung Kreismitte machen. So geht es immer weiter, bis alle sich gegenseitig im Kreis umarmen und passend zu dem ganz lauten und kräftigen Trommelschlag mit sehr viel Power „Nein!“ sagen.
Im Anschluss dran macht die Spielleitung den Kindern bewusst, dass man zusammen besonders laut und deutlich „Nein!“ sagen kann. Das kann insbesondere dann der Fall sein, wenn ein Kind von den anderen geärgert oder gar gemobbt wird.

Material

Handtrommel

Locker Nein sagen

Die Spielleitung erklärt den Kindern vorab, dass eine bestimmte Körperhaltung und eine feste Stimme ein „Nein!" deutlich unterstreicht. Damit die Kinder das Nein-Sagen lernen, lädt die Spielleitung die Gruppe zu folgenden Bewegungsspiel ein:
Die Kinder laufen locker durch den Raum. Auf Anweisung der Spielleitung kreisen sie zum Beispiel die Arme nach vorne, recken und strecken sich oder springen vergnügt in die Luft. Sobald ein kräftiger Trommelschlag durch die Spielleitung erfolgt, bleiben alle Kinder sofort mit erhobenen Kopf breitbeinig stehen und sagen laut und entschlossen „Nein!" Im Anschluss erfolgt ein kurzer Trommelwirbel. Danach dürfen sich die Kinder wieder frei im Raum bewegen und die Spielleitung gibt erneut ein paar Übungen zum Lockerwerden bekannt, bevor ein kräftiger Trommelschlag für das nächste intensive „Nein!" erfolgt.

Material

Handtrommel

Nein sagen fällt manchmal schwer, weil ...

Die Kinder überlegen sich, warum es ihnen manchmal schwer fällt, bestimmte Dinge zu verneinen: Was können die Kinder vielleicht befürchten, wenn sie zum Beispiel einer Bitte oder einer Einladung nicht nachkommen oder einfach etwas nicht teilen möchten? Eines von Ihnen erhält ein rotes Tonpapier, auf dem das Wort „NEIN!“ steht. Das Kind hebt das Papier in die Luft und sagt zum Beispiel: „Wenn ich krank bin und deshalb nicht zum Fußballturnier kommen kann, dann sind die anderen aus meiner Mannschaft bestimmt stinksauer!“ Danach übergibt das Kind das Tonpapier an ein anderes Kind. Dieses hebt das Papier ebenfalls in die Luft und sagt etwa: „Wenn ich mein aktuelles Computerspiel den anderen in meiner Clique nicht ausleihe, werde ich vielleicht abgelehnt!“ Auf diese Weise kann jedes Kind, das möchte, etwas sagen.

Im Anschluss daran macht die Spielleitung den Kindern bewusst, dass es durchaus auch Vorteile haben kann, wenn die Kinder bestimmte Dinge, die sie vielleicht nicht möchten, verneinen. Dadurch werden sie weniger ausgenutzt und auch die eigenen Bedürfnisse kommen nicht zu kurz. Dies ist wichtig für die Selbstachtung.

Material

schwarzer Stift, rotes Tonpapier DIN-A 5

Stopp, das ist unfair!

Immer fünf bis sechs Kinder bilden einen Kreis. Die Spielleitung schildert jeder Gruppe ganz leise eine bestimmte Situation, die alles andere als fair verläuft: „Stellt euch vor, ... wie ein Kind einem anderen Kind ein Bein stellt, damit es beim Fußballspielen kein Tor schießen kann.“

Im Anschluss daran bilden alle einen Stuhlkreis. Die einzelnen Gruppen spielen der Reihe nach im Innenkreis eine der oben benannten Situationen pantomimisch vor. Die Aufgabe der übrigen Gruppen besteht darin, zu erkennen, was die Kinder gerade vor ihren Augen machen und was daran unbedingt zu verneinen ist.

Ziel ist es, dass die Kinder einen Sinn für Fairness entwickeln und mutig Grenzen setzen lernen, wenn sie sich ungerecht behandelt fühlen oder etwas Unfaires beobachten.

Weitere Beispiele

Stell dir vor...
.... du bist im Supermarkt, legst deine Sachen auf das Band und eine andere Person drängelt sich vor, um schneller den Einkauf bezahlen zu können."
... wie ein paar Kinder ein anderes hänseln, weil es keine coolen Klamotten trägt."
... wie ein Kind vor lauter Wut seine Spielfiguren vom Spielbrett auf den Boden wirft, weil es gerade das Mensch ärgere Dich nicht Spiel verloren hat."
.... dass es für alle Kinder heute Eis gibt. Ein Kind nimmt sich die größte Portion Eis, sodass für die anderen kaum noch etwas übrig bleibt."

Hinweis

Die Spielleitung sollte auch erwähnen, dass sich die Kinder stets Hilfe holen können, wenn sie sich überfordert fühlen und etwas alleine nicht schaffen sollten.

Ja, nein, vielleicht?

Die Kinder stehen zusammen im Kreis und überlegen sich jeweils ein bis zwei Sachen, die man bejahen, verneinen oder möglicherweise unterschiedlich empfinden kann. Eines der Kinder holt sich einen Ball und stellt sich in die Kreismitte. Dort angekommen sagt es zum Beispiel:

„Ich mag keine Kinder, die hinter meinem Rücken lästern. Magst du das?“

Während das Kind nun einem anderen Kind im Kreis den Ball zuwirft, kann das fangende Kind die Frage bejahen, verneinen oder sich nicht konkret dazu äußeren wollen, indem es „Vielleicht!“ sagt. Danach tauschen beide ihre Plätze und das neue Kind in der Kreismitte sagt dann mit dem Ball in der Hand zum Beispiel:

„Ich mag morgens nicht sofort angesprochen werden. Magst du das?“

Das Kind wirft den Ball einem anderen Kind zu, das nun seinerseits seine Meinung dazu äußern darf. Auf diese Weise geht's noch ein paarmal weiter.

Im Anschluss daran erklärt die Spielleitung den Kindern, dass es durchaus normal ist, dass Menschen unterschiedlicher Meinung sind. Dennoch gibt es Regeln, die das Miteinander erleichtern und für alle verbindlich sind: Bei Rot nicht die Fahrbahn zu überqueren, den Müll richtig zu sortieren, Sachen nicht mutwillig zu zerstören oder einer anderen Person nicht absichtlich weh zu tun.

Material

Softball

Ja-Sager*in und Nein-Sager*in

Ein Kind steht in der Kreismitte und geht auf ein anderes Kind zu. Dabei sagt es unaufhörlich „Ja!“. Sobald es vor dem ausgewählten Kind steht, verstummt das Kind. Denn jetzt sagt das ausgewählte Kind laut und deutlich „Nein!“. Dabei kann es auch kräftig auf den Boden stampfen oder die Hände in die Hüfte stemmen und einen sehr energischen oder gar wütenden Gesichtsausdruck machen, indem es Lippen und Augenbrauen zusammenkneift. Anschließend wechseln beide ihre Plätze, sodass das Kind, das soeben „Nein!“ gesagt hat, in der Kreismitte zum „Ja-Sager“ oder zur „Ja-Sagerin“ wird. Das wird wiederholt, bis alle Kinder als Ja-Sager*in und als Nein-Sager*in auftreten konnten.

Im Anschluss daran sollte die Spielleitung den Kindern bewusst machen, dass es vielen Menschen leichter fällt, „Ja!“ zu sagen. Umso stolzer können Kinder auf sich sein, wenn sie - falls nötig - ihren ganzen Mut zusammennehmen und es schaffen, „Nein!“ zu sagen.

Das ist meine Grenze

Die Kinder holen sich jeweils einen Gymnastikstab und verteilen die Stäbe auf einem gekennzeichneten Spielfeld. Auf ein Startkommando laufen die Kinder so lange zwischen den Gymnastikstäben herum, bis die Spielleitung einmal den Gong ertönen lässt. Daraufhin sucht sich jedes Kind einen Gymnastikstab, der seine persönliche Grenze darstellt. Die Spielleitung benennt ein Kind, von dem es wissen möchte, was es überhaupt nicht in Ordnung findet: Beispielsweise von einem anderen beleidigt, angebrüllt oder gar geschlagen zu werden. Konnte sich das Kind dazu äußern, erhält es von der Spielleitung den Gong für die nächste Spielrunde, bei der es nun selbst das Startkommando erteilt. Auf diese Weise wird das Bewegungsspiel so lange fortgesetzt, bis alle Kinder einmal den Gong anschlagen durften und zu Wort gekommen sind.

Material

je Kind ein Gymnastikstab, Gong

Du darfst auch „Nein!“ sagen

Die Kinder stellen sich mit genügend Abstand zueinander auf. Eines der Kinder sucht sich ein anderes Kind als „Hindernis“ aus und kündigt an, dass es beispielsweise gerne Bockspringen möchte. Das betreffende Kind kann hierzu seine Zustimmung geben, indem es sich nach vorne bückt und sich dabei mit den Händen an den Beinen abstützt. Mit oder ohne Anlauf kann das erste Kind dann einen Bocksprung über das andere Kind machen. Sollte das Kind das jedoch nicht wollen, sagt es klar und deutlich den Satz „Nein, ich möchte das nicht!“. In diesem Fall macht sich das Kind wieder auf den Weg, um sein Glück bei einem anderen Kind zu versuchen.
Sobald ein Kind einwilligt, darf das Kind, das soeben das „Hindernis“ dargestellt hat, auf ein anderes zugehen, bei dem es beispielsweise durch die gegrätschten Beine krabbeln möchte. Das Spiel ist beendet, sobald alle Kinder den Wunsch eines anderen bejahen oder verneinen konnten.

„Neins!“, die absolut wichtig sein

Die Kinder befinden sich im Stuhlkreis und sollen entscheiden, welches „Nein!“ in bestimmten Situationen absolut wichtig oder eher ein Ausdruck von Missfallen, Unwillen und Verweigerung ist. Dazu benennt die Spielleitung verschiedenen Situationen, die sich im Alltag abspielen können. Im ersten Fall sollen die Kinder aufstehen, mutig und laut „Nein!“ rufen. Im zweiten Fall bleiben sie einfach ruhig sitzen. Sollten Kinder falsch reagieren, dann besteht natürlich auch Gesprächsbedarf.

Beispiele

„Neins“, die absolut wichtig sind:

- Ich möchte nicht beleidigt und ausgegrenzt werden
- Ich möchte nicht ausgelacht und gehänselt werden
- Ich möchte nicht geärgert und geschubst werden

„Neins“, die nicht sinnvoll sind:

- Ich möchte nicht in die Schule gehen
- Ich möchte den Zahnarzttermin nicht wahrnehmen
- Ich möchte keine festen Konsolen- und PC-Zeiten haben

Don Bosco MiniSpielothek
Klein, fein, alles drin

ISBN 978-3-7698-2569-5

ISBN 978-3-7698-2565-7

ISBN 978-3-7698-2558-9

ISBN 978-3-7698-2559-6

ISBN 978-3-7698-2556-5

ISBN 978-3-7698-2555-8

ISBN 978-3-7698-2546-6

ISBN 978-3-7698-2545-9

ISBN 978-3-7698-2540-4

ISBN 978-3-7698-2539-8

ISBN 978-3-7698-2521-3

ISBN 978-3-7698-2520-6

ISBN 978-3-7698-2510-7

ISBN 978-3-7698-2509-1

ISBN 978-3-7698-2503-9

ISBN 978-3-7698-2498-8

ISBN 978-3-7698-2497-1

ISBN 978-3-7698-2466-7